0

zero

ноль

10

ten

десять

20

twenty

двадцать

30

thirty

тридцать

40

forty

сорок

50

fifty

пятьдесят

60

sixty

шестьдесят

70

seventy

семьдесят

80

eigthy

восемьдесят

90

ninety

девяносто

100

one hundred

сто

1000

one thousand

тысяча

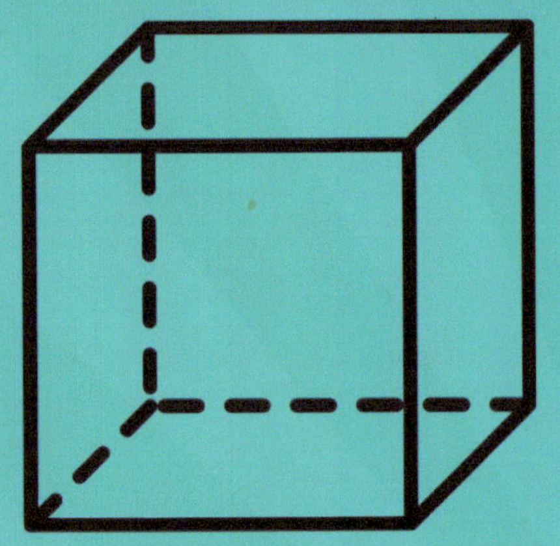

cube

кубик

block

кубик

ice cube

кубик льда

caramel

карамель

sugar

сахар

dice

игральные кости

gift box

подарочная коробка

cardboard box

картонная коробка

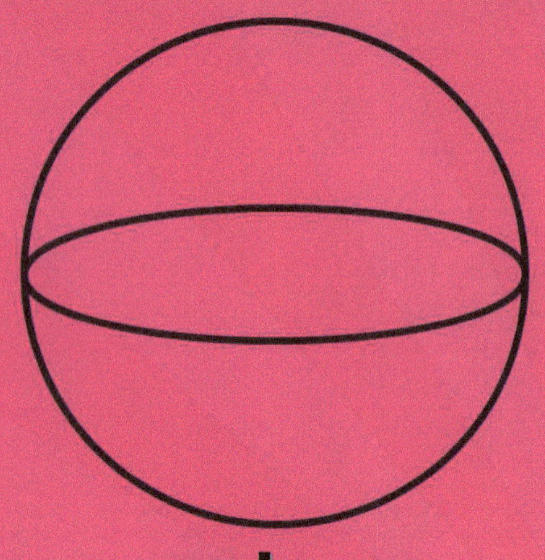

sphere

сфера

ice cream scoop

шарик мороженого

pearl

жемчуг

bubble

пузырь

marbles

шарики

planet

планета

snowball

снежный шар

tennis ball

теннисный мяч

cylinder

цилиндр

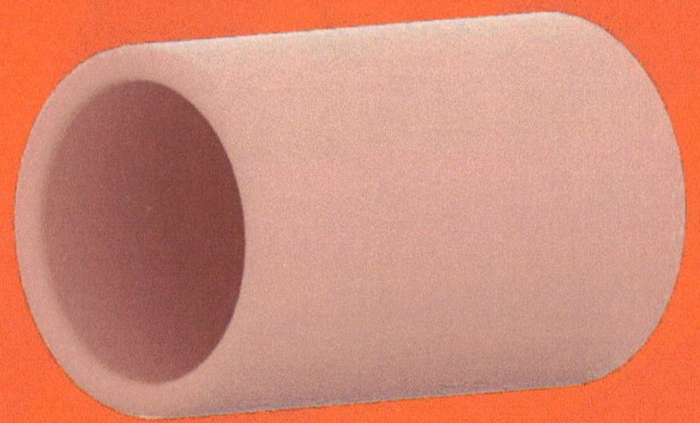

tube

трубка

batteries

батарейки

thread spool

катушка с нитками

cinnamon

корица

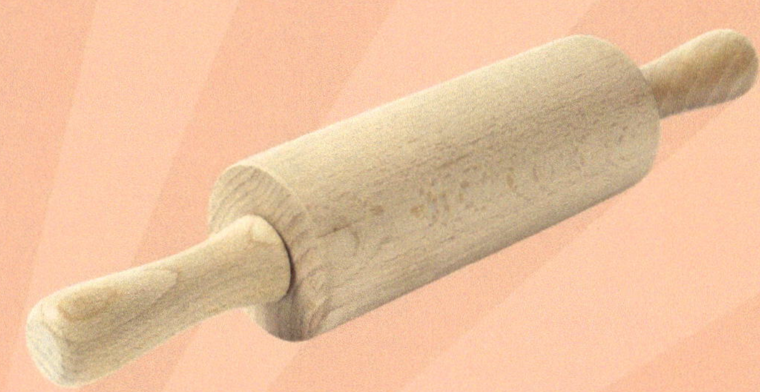

rolling pin

скалка

sausage

сосиска

hay bale

стог сена

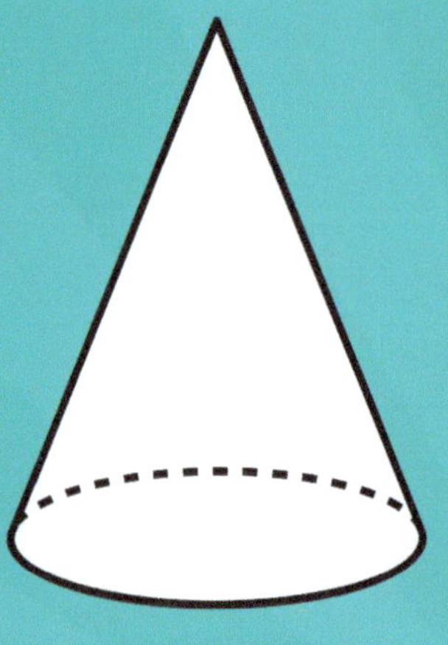

cone

конус

road cone

дорожный конус

ice cream cone

рожок мороженого

witch hat

шляпа ведьмы

dungeon

темница

fir tree

ель

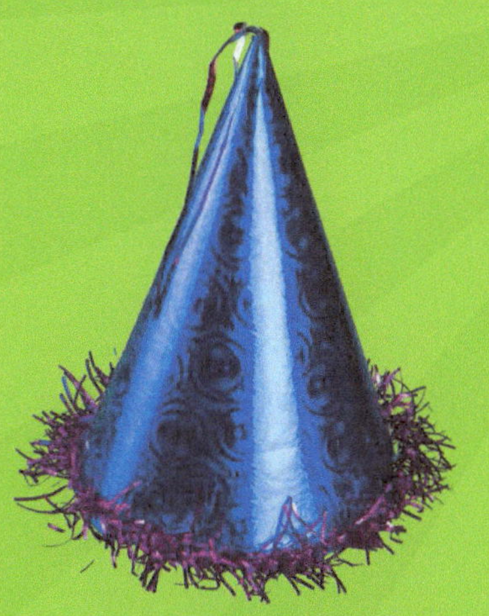

party hat

праздничная шляпа

snail

улитка

blackberry

ежевика

currant

смородина

clementine

клементин

durian

дуриан

dragon fruit

питайя

jackfruit

джекфрут

star fruit

карамбола

asparagus

спаржа

radish

редиска

red bean

красная фасоль

turnip

репа

cassava

маниока

sweet potato

сладкий картофель

chickpeas

нут

eagle

орёл

bat

летучая мышь

beaver

бобёр

flamingo

фламинго

raven

ворон

blackbird

чёрный дрозд

blue tit

синяя синица

magpie

сорока

swallow bird

ласточка

lark

жаворонок

parakeet

попугай

woodpecker

дятел

peacock

павлин

parrot

попугай

toucan

тукан

stork

аист

coral

коралл

sea anemone

морской анемон

sea urchin

морской еж

seahorse

морской конек

clownfish

рыба-клоун

goldfish

золотая рыбка

crab

краб

hermit crab

рак-отшельник

dolphin

дельфин

narwhal

нарвал

octopus

осьминог

squid

кальмар

whale shark

китовая акула

orca

косатка

blue whale

синий кит

beluga whale

белуха

hammerhead shark

акула-молот

white shark

белая акула

lemon shark

лимонная акула

tiger shark

тигровая акула

grasshopper

кузнечик

caterpillar

гусеница

scorpion

скорпион

lizard

ящерица

dinosaurs

динозавры

black hair

черные волосы

ginger hair

рыжие волосы

brown hair

каштановые волосы

blond hair

светлые волосы

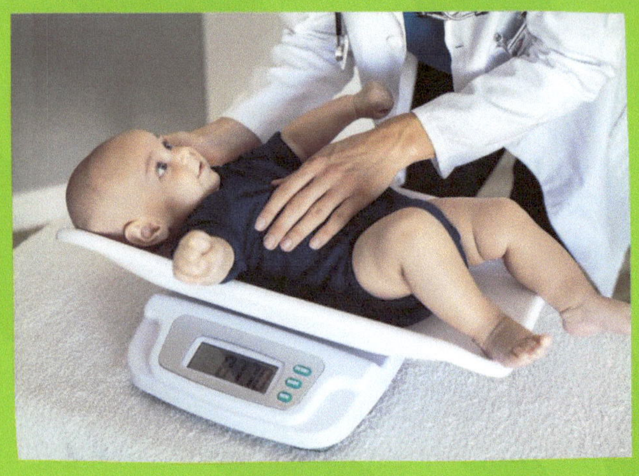

scale

весы

hospital

больница

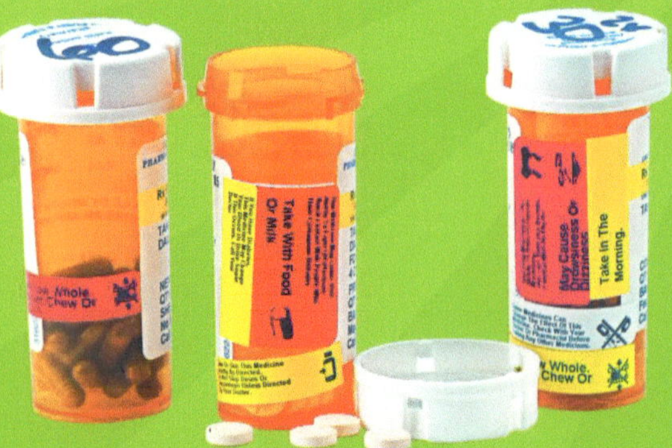

medicine

лекарство

thermometer

термометр

bandage

бинт

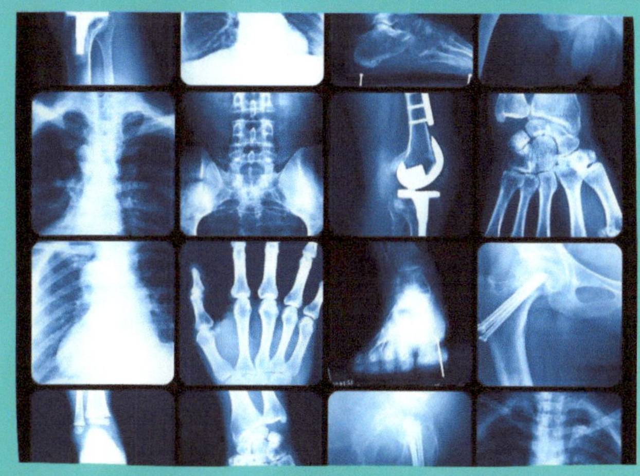

x-ray

рентген

doctor

врач

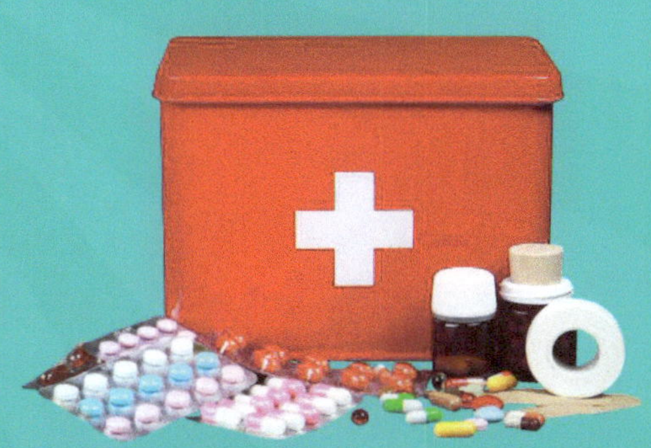

first aid kit

аптечка

play

играть

draw

рисовать

count

считать

write

писать

dancing

танцы

swimming

плавание

skiing

лыжи

basketball

баскетбол

tennis

теннис

ping pong

настольный теннис

soccer

футбол

horse riding

верховая езда

ice hockey

хоккей

judo

дзюдо

boxing

бокс

running

бег

baseball

бейсбол

cricket

крикет

rugby

регби

volleyball

волейбол

maracas

маракасы

tambourine

бубен

xylophone

ксилофон

violin

скрипка

piano

пианино

guitar

гитара

cello

виолончель

harp

арфа

drum

барабан

djembe

джембе

drum kit

ударная установка

trumpet

труба

horn

рог

saxophone

саксофон

flute

флейта

headphone

наушники

sing

петь

sheet music

ноты

microphone

микрофон